# मेरी सोच"

## मेरी सोच"

संगीता प्रसाद

मै संगीता प्रसाद रांची की। खूबसूरत वादियों की तरह हमारी
विचार धाराएं भी हैं
मेरी लेखनी समाज के हर वर्ग मे घटित घटनाक्रम से आपको
अवगत कराती है ।Enter Caption

# क्रम-सूची

# प्रस्तावना

मेरी कविता "मेरी सोच"है

जिसमें हमने पारिवारिक,सामाजिक सारे पहलुओं को सम्मिलित
किया है,मै किसी भी तबके के लोगों से मिलती हूं उनकी आपबीती
सुनती हूं तो उसे अपने शब्दों में वर्णित करती हूं युवा वर्ग और
बुजुर्गों के विचारों के बीच होने वाले टकरावों को अपनी शैली में
लिखती हूं

"मेरी सोच" में ही मेरी भावनाएँ नीहित हैं।।

# उम्र

यादों के झरोखे में सुराखें बढ रही हैं
उम्र के जीने(सीढी)से एक साल फिसल रही है !!
शक्ल शक्ति सीरत सब कुछ बदल गया है ,
चंचल कुलाचें भरता मन, वह भी ठहर गया है
हर साल कुछ लोग छूटते चले जाते हैं ,
नजरें घुमाओ तो सब बदले नजर आते हैं
यह रात भी कमबख़्त कम चालाक नहीं होती
इक प्यारी सी नींद देकर, जिंदगी से
'एक' दिन छीन लेती है !
दिन महीना साल बीतता ही जा रहा है
उम्र के जीने(सीढी) से एक साल फिसला रहा है "!!

# चाय

दिन भर की थकान उतार दे
इक गर्म चाय की प्याली
आंख खुलते ही भागदौड़ की
जिंदगी शुरू हो जाती
हर क्षेत्र में होड़ मची है
लगी है आपाधापी ,ऐसे में
वह सबसे पिय जो थमा दे, हाथों में
इक गर्म चाय की प्याली ।
इसके साथ ही सारे चर्चे होते
सार्वजनिक स्थल पर, जान पहचान बनती
इक प्याली के मार्फत,परिवार में सबको जोड़ने की
इक कड़ी बन जाती प्याली ।
इश्क में अपने इस कदर पागल किया है इसने,
45डीगरी तापमान पर भी भागते इसके पीछे ।
हर 'धातु 'में छलका अपने को
अब आ गया मिट्टी के कुलड़ में
इसकी रंगत देखते ही बांछे हमारी खिल जाती
सच ,जन्नत सी खुशी देती
इक गर्म चाय की प्याली ।।"

# ब्यथा

बहुत अंदर तक तबाही मचा देता है,
वह आंसू
जो आंखो से बह नहीं पाता।
अनेक ब्याधियों का केन्द्र बन जाता है वह आंसू
जो जिगर के टुकड़ों ने दिया होता है।
बंया न कर पाये मन अपनी ही ब्यथा
अब तो मेरी परवरिश ही बन गयी
मजाकिया कथा।।
रात के दूसरे प्रहर में अचानक कभी
दिल घबडाता है!
थरथराती अंगुलियों से नंबर का घुमाना
उधर से एक आवाज
सुनने को दिल तरस जाता है।
जननी की जिह्वा कभी जहर नहीं उगलती,
कोख जने को कभी शापित नहीं करती,
पर अब सूख गये आंसू पाषाण बन गयी।
कभी मद में न रहना ऐ कलयुगी संतानो
कयोकिं इतिहास ही इतिहास को दोहराता।।

# आमंत्रण

भीगी हुई आंखो से ही,विदा कर दो इस साल को

क्या शिकवा शिकायत करना,मुस्कुराकर गले लगा लो नये साल को।

अभी अभी तो 2020 ने खोले थे पाल

अट्टहास करती हवाओं(कोरोना) ने निगल लिया पूरा साल

किस किस साल को गुनहगार कहोगे

हर साल लोगों ने है थामा हर साल है छोड़ा।।

तुमने दिनमानों के साथ केवल बुरी

तारीखें पढ़ी हैं,

पर पंचागों को शायद शिकायत की आदत ही नहीं है

उजाले अपनी यादों के ताजा रहने दो

अतिथी के आगमन को स्वीकार करो

2021 को मंजूर है यह निमंत्रण

इस्तकबाल करो नये वर्ष का

वह आ ही गया, उसे आने दो।।"

# रिश्ता

पति का रिश्ता उन हजारों रिश्तो मे,
ऐसा नायाब रिश्ता होना चाहिए कि
जब हजारों रिश्ते आपके खिलाफ हो
तो वह एक रिश्ता आपका साथ दे।

# सपने

सपने तो सपने होते हैं, उन्हें पूरा
करने के लिए अपनो से बहुत दूर
मत जाओ,कयोंकि कामयाबी का जशन
मनाने की खुशी जितना अपनो के
साथ होती है, गैरों के साथ नहीं।।"

# सच

सफेद वस्त्रों मे लिपटे दिन रात रोगियों की सेवा मे लगे डाक्टर नर्स भगवान का ही एक रुप हैं ,जो मंदिर के कपाट बंद होने के बाद हर अस्पताल में नजर आ रहे हैं।

लेकिन इन सारे देवताओं से ऊपर पथ्वी पर एक औरभी देवता हैं नरेन्द्र मोदी। जिस तरह देवों के देव शिव हैं, उसी तरह धरती पर देवों के देव मोदी हैं जिनके सकारात्मक प्रयास सटीक निर्णय और हौंसला आफजायी के लिए हम सभी भारतवासी नतमस्तक हैं।।

# विदाई

बिटिया घर की मधुर चांदनी
छोड़ पीहर जाए उस ओर
यहां अंधेरा राज करता,उस ओर हंसता अब चकोर
कैसे जन्म दायी सब्र करते उसे विदा कर तज सुख साज,
युगल हृदय रो रो उठते हैं,पर रीत देख दुनिया की यही.
सीने में ही दबा देते,अपने क्रंदन की आवाज।
मेरे घर की मधुर चांदनी, उस दिन तुम्हारा ऐसा जाना
बंया नहीं कर पाता पीहर अपनी विवशता का गाना।।

# खुदगर्ज

अपनेपन की मै भूखी थी
किसी भीड़ में खो न सकी,
गलत बातों में हामी भर दूं
इतनी सस्ती हो न सकी।।
नयनों में थे अनगिनत सपने
पूरी कर दूं कोई हाथ बढाए
मुस्कुराकर उस ओर बढुं
इतनी हल्की मैं हो न सकी।।
वक्तव्य लिखें कि विरोध करूं
यह भी पन्नों पर वह भी पन्नों पर
दिल का हर राज खोल दूं
इतनी खुदगर्ज मैं हो न सकी।।

# शादी के रिशते

पच्चीसवें साल गिरह पर ढेरों बधाइयां

शादी के रिशते हैं ऐसे,कभी पनपते कभी चटकते
इस खास रिशते में समझ से उलझना
वरना ये देगें दुख दूना
इन रिशतों को पकडो संभालकर
फिर प्यार से मिल मिलाकर,
ज्यों ज्यों इसे निभाओगे
धरती पर जन्न्नत पाओगे
मन के पन्ने पर अंकित कर लेना
"अगर दाम्पत्य में दम है तो,
सात जन्मों का समय भी कम है।।"

# पुकार

मां मुझे जन्म दो,लाओ अपने आंगन

सच खुशियों से भर दुंगी, मै भी तुम्हारे दामन

एक तो है ही दूसरे को क्या लाना?

मां कभी भी तुम किसी की बातों में न आना

दीदी का सा रंगत लिए,आंखे तुम्हारी जैसी

पापा की बाहों में झूलती बन जाउगीं सबकी चहेती

छोटी बेटी कहलाउगीं मैं कोख में न मारना

दो बहनो के प्यार से जल जाएगा जमाना

पापा को कहकर दादी को समझाना

अपनी शक्ति दिखलाकर, दुनिया में मुझे लाना

पर माँ कसम है मेरी, मुझे कोख मे न मारना।।"

# बात

मैं तो बात हूं, बढ गई तो दूर निकल जाउंगी,

रूक गई तो रिश्ते ही टुट जाऐंगे,

पलट गई तो दो पक्ष उलझ जाऐंगे,

रफ्तार मे रही तो लोग सर थाम लेगें,

जहर उगल दिया तो तबाही मच जाएगी,

सहमी सहमी सी रही तो लोग हावी हो जाएंगे,

नपी तुली रही, तो सबकी चहेती बन जाउंगी

# विरह

अग्रज तुम कहकर जाते,विदीत है

मोह बंधन बाहुपाश कुछ भी तुम्हे रोक न पाते

विरह का यह दर्द शूल सा चुभेगा

काश.....तेज देदीप्य मुख मंडलका

अंतिम दर्शन कर पाते।

अग्रज तुम कहकर जाते

सूना है 'तारागंण' का आंगन

अवाक सिसकते रिशते

बुलंद आवाज बेबाक जुबान

सिमटे थे जिसमें सारे रिशते

अग्रज तुम कहकर जाते।

हम सबका हौंसला अफजाई करते

दुख दर्द में भी सब्र का बांध रखते

पुरातन को तुमने ही नूतन में बदल दिया

बेखौफ हो सब जीने लगे खुशहाल जिदंगी

असमय तुम्हारे बुलावे ने फिर आग लगा दी

यह असह्य ब्यापक वेदना केवल कहानी नहीं है

एक जलता सत्य केवल आंख का पानी नहीं है

तुमने अपनाया था तुमने ही त्यागा

अब बीते पल ही स्मरण आते

अग्रज तुम कहकर जाते।।

# बधाई

रीती रिवाज़ों से तुम्हे एक सशक्त हाथों में सौंप दिया
तुम पूर्व दिशा(प्राची) वह महादेव (नीतीश)
संगम तुम्हारे हैं सुलभ सरल अनमोल,
नर्म हाथों में हाथ लिए जीवन पथ पर बढ़ना हर पल
इस खट्टी मीठी दाम्पत्य जीवन को रखना सदा खुशहाल
सात फेरों के पवित्र बंधन से न होना कभी आजाद।
विवाह के यह खूबसूरत बंधन हमेशा लेगें नये रूप
सालगिरह की ढेरों शुभकामनाएं ,
इस रिश्ते को न लगे कभी किसी
मुश्किलों की धूप।।

# अवतार

इस युग में दो अवतार हुये
एक बाबा और एक मोदी
बाबा ने पुरातन को नूतन किया
लोगों को फिर से जागृत किया
वेद मंत्र ध्यान योग प्रणायाम
निखिल विश्व को प्रदान किया
आधुनिकता और पश्चिमीकरण के पीछे
भाग रहे मानव को आगाह किया ,
जंगल की बूटी संपदा से अनेको औषधि
निर्माण किया ।
अपमान का घूंट पीकर भी जन कल्याण के लिये
महामारी में आत्म सम्मान का त्याग किया ॥
मोदी ईमानदारी और आदर्श लेकर आये हैं
लगता है सारे विरोधी एक ही खेमें में समाये हैं ,
इनका एक ही काम है मोदीके निर्णय में रोड़े अटकाये
परन्तु लगता है सारे बुरे ग्रह शीघ्र कट जायेगें
हम सब एक और विकास जैसे नारे नित्य आयेगे
जनतंत्र की महिमा का गुण पूरा विश्व गायेगा ।
रामदेव बाबा और मोदी दोनों ही किसी लक्ष्य हेतू हैं
जुड़े हुये ॥
बाधाएं आई अभी हैं और आयेगी भी
पर दोनों हैं अड़े हुये ' दोनों है डटे हुये ॥

# मिन्नत

इतनी सी इलतीजा है तुमसे मेरे बच्चों ;

जब मेरी उम्र ढलान पर हो तो बुला लेना मुझे ,

जब कराहने की आवाज आए बगल के कमरे से

तो एक बार उठकर झांक लेना कमरे में ,

जब चार आंखें मिलकर भी पढ़ न पाए ,दवा के पर्चे को

तो क्रम से दवा को सजा देना डबबे में ।

जब कांपती हाथों से ,जूठन गिर जाए बिस्तरे पर

तो बचपन अपनी याद कर टाल देना हंस कर।

फुर्सत निकाल कर दिन में ,एक बार भी शक्ल दिखा देना

मीठी खुराक की तरह दिन भर ऊर्जा मिलेगी मुझे

अब तक तो तुमने खुला जीवन जिया है ,

सारी जिम्मेदारीयों को निभाना दिया हमने ,

अब उम्र ढल चुकी है माता पिता दोनों की

किसी एक के अकेले होने का, इतंजार मत करना

काश संपत्ति की तरह बुढ़ापे के भी कागजात बनते

तो बच्चों तुमसे हम, यूं मिनतें न करते ।।

# सुकून

मैं सुकून हूं . बे वक़्त मुझे मत बुलाना
क्योंकि जिदंगी के सारे उतार चढ़ाव के बाद एक मुकाम पर
तुम्हारी मुलाकात मुझसे ही होगी ।
और उस वक्त तुम हजारों शिकवे लेकर बैठ जाओगे!
मैं, बिल्कुल अकेला बीमार और तन्हा हूं-----
तुम बीते पलों में लौट जाओगे ,व्यस्त जिंदगी के
कुछ अंशो को याद कर तुम्हारी आंखे भी .सजल हो जायेंगी
और, चेहरे की रुमानियत तुम्हे तुम्हारे उम्र से तीस वर्ष
पीछे ले जाएगी मुझे करीब पाकर भी तुम मुझे अनदेखा कर
जाओगे ।

और मैं खड़ा इसी उधेड़बुन में पड़ा रहूंगा कि तुम वही हो
जिसने वर्षों पहले हर रोज मेरी ही आरजू की, दुवाओं में भी
मुझे ही मांगा तुम्हारे हर वक्तव्य में मेरी ही जिक्र होती!
और आज जब मैं तुम्हारे पास हूं तब तुम इतने खामोश और
बेचैन हो आखिर क्यों?
सब्र रखो हर लम्हे को शौक से जियो व्यस्तता भी आयेगी और
सुकून भी यकीनन तुम्हे इन दोनों को अपनाना भी होगा
यही तो है जिंदगी ॥

# हाहाकार

रो रहा है दुनिया का शक्तिमान

सिसक रही है इटली

अविरल आंसु बह रहे स्पेन और जर्मनी

कराह रहा बुहान और कांप रहा फ्रांस

जापान इरान रूस सब हैं अवाक

उधेड़बुन में पडा शांत खड़ा हिन्दुस्तान।।

सोच विचार कर पूछा अपनी भूमि जननी से

क्या इक खग ने कर दिया इस कदर परेशान?

जननी ने समझाया नदियों सी इतराती

बादल सी गरजती,पर्वत पर जीत हासिल करती अभिमानी

मानवों की यह टोली,शायद भूल गयी यह कहानी

बलवान हाथी को जब मार सकती है इक छोटी चींटी

तो पूरी धरा को बर्बाद क्यों नहीं कर सकता एक पंछी

हमेशा अपनी मद में मत रहना ऐ इंसान

मर्जी चलेगी उसी की ,जो कहलाता है भगवान।।"

मै संगीता प्रसाद रांची की। खूबसूरत वादियों की तरह हमारी विचार धाराएं भी हैं
मेरी लेखनी समाज के हर वर्ग मे घटित घटनाक्रम से आपको अवगत कराती है ।

मेरी कविता "मेरी सोच"है

जिसमें हमने पारिवारिक,सामाजिक सारे पहलुओं को सम्मिलित किया है,मै किसी भी तबके के लोगों से मिलती हूं उनकी आपबीती सुनती हूं तो उसे अपने शब्दों में वर्णित करती हूं युवा वर्ग और बुजुर्गों के विचारों के बीच होने वाले टकरावों को अपनी शैली में लिखती हूं

"मेरी सोच" में ही मेरी भावनाएँ नीहित हैं।।